DISCOURS

PRONONCÉS LE 29 DÉCEMBRE 1863

AUX FUNÉRAILLES

DE M. ÉMILE SAISSET

Paris. — Imprimerie de P. A. Bourdier et Cie, 30, rue Mazarine.

DISCOURS

PRONONCÉS LE 29 DÉCEMBRE 1863

AUX FUNÉRAILLES

DE M. ÉMILE SAISSET

AU NOM DE L'INSTITUT

PAR M. NAUDET

PRÉSIDENT DE L'ACADÉMIE DES SCIENCES MORALES ET POLITIQUES

AU NOM DE LA FACULTÉ DES LETTRES DE PARIS

PAR M. PAUL JANET

PROFESSEUR SUPPLÉANT DANS CETTE FACULTÉ

AU NOM DES ANCIENS ÉLÈVES DE L'ÉCOLE NORMALE

PAR M. ALBERT LEMOINE

MAITRE DE CONFÉRENCES POUR LA PHILOSOPHIE

PARIS

IMPRIMERIE DE P.-A. BOURDIER ET Cⁱᵉ

RUE MAZARINE, 30

1863

DISCOURS

PRONONCÉS LE 29 DÉCEMBRE 1863

AUX FUNÉRAILLES

DE M. ÉMILE SAISSET

———

La mort de M. Émile Saisset enlevé prématurément, à l'âge de quarante-neuf ans, dans la plénitude de son talent, qui n'avait jamais cessé de croître, est un deuil pour l'Institut où il venait d'entrer, pour la Faculté des Lettres où ses leçons attiraient depuis tant d'années une foule sympathique, pour la philosophie qu'il cultivait avec amour et dont plus que personne il savait, par l'admirable lucidité de son enseignement, éclaircir les obscurités, pour le monde enfin où il portait la distinction de ses manières et tous les charmes d'un esprit pénétrant et délicat. Nous ne parlons pas de la douleur d'une famille dont il était l'âme et l'orgueil. Combien la perte d'un tel homme, si distingué et si regrettable a été vivement sentie, on a pu le voir au nombre et au recueillemeut douloureux de tant d'hommes illustres qui ont voulu conduire Émile Saisset à sa dernière demeure.

Ses funérailles ont eu lieu mardi 29 décembre 1863. Le deuil était conduit par M. Amédée Saisset, son frère, professeur de philosophie au Lycée de Laval, suivi de MM. Gustave Dumas et Arthur Joly, ses neveux, et des membres de sa famille présents à Paris. Les cordons du poêle étaient tenus par M. Naudet, Président de l'Académie des sciences morales et politiques et secrétaire honoraire de l'Académie des Inscriptions; M. Mignet, secrétaire perpétuel de l'Académie des sciences morales et politiques ; M. Patin, membre de l'Académie française, professeur à la Faculté des Lettres ; M. Paul Janet, professeur suppléant dans cette Faculté ; M. Ch. Lévêque, professeur au Collége de France, et M. Albert Lemoine, maître de conférences à l'École Normale Supérieure. Sur le cercueil était étendue la robe, que M. Royer-Collard, le chef de l'École, avait portée, qu'il avait transmise à M. Cousin, son élève, et que M. Saisset avait reçue de M. Cousin, son maître. Le service funèbre a été célébré dans l'église de Sainte-Clotilde, dont la vaste enceinte pouvait à peine contenir le cortége.

Parmi les assistants on remarquait S. Exc. M. le Ministre de l'Instruction publique, M. Villemain, secrétaire perpétuel de l'Académie française, M. le duc de Broglie, M. Saint-Marc Girardin, M. Schneider, vice-président du Corps Législatif, M. le contre-amiral Saisset, M. le général de division Charon, sénateur ; MM. les docteurs Trousseau, Guéneau de Mussy, Bertrand de Saint-Germain ; M. Dubois de la Loire-Inférieure et M. Vacherot, anciens directeurs de l'École Normale, M. Désiré Nisard, membre de l'Académie française, M. Henri Martin, notre historien populaire, M. Lesieur, inspecteur général honoraire de l'instruction supérieure; MM. Riaux Bersot et Vapereau, anciens professeurs de philosophie ; M. E. Geruzez, secrétaire de la Faculté des lettres ; M. Glachant, chef du cabinet du Ministre de l'Instruction publique. L'Académie des sciences morales était représentée par MM. Ch. Giraud et Dumont, anciens ministres, Ed. Laboulaye, Barthélemy Saint-Hilaire, Wolowski, Ad. Franck, Jules Simon; l'Académie des inscriptions par MM. Guigniaut, secrétaire perpétuel, Hase, Wallon, Égger, Garcin de Tassy, B. Hauréau et Ch. Jourdain ; l'Académie des sciences par M. Balard ; l'Académie de Paris par MM. Mourier, vice-recteur, Boullet, secrétaire, Dutrey, inspecteur général de l'instruction supérieure; Bouillet, Vieille et Dumaige, inspecteurs généraux, Filon et Caro, inspecteurs de l'Académie de Paris. Tous les membres de la Faculté des Lettres en costume, et la plupart des maîtres de conférences de l'École Normale, où l'enseignement de M. Saisset a laissé un si profond souvenir, assistaient à cette triste cérémonie. La présence de tous les proviseurs des Lycées de Paris et d'un très-grand nombre de professeurs attestait d'autres services et d'autres amitiés. L'affluence des élèves des écoles était un hommage non moins touchant et non moins légitime.

Arrivé au cimetière de Montparnasse, le cortége s'est rangé autour de la tombe sur laquelle trois discours ont été prononcés, par M. Naudet, au nom de l'Institut, par M. Janet, au nom de la Faculté des Lettres, et par M. Lemoine au nom des anciens élèves de M. Saisset à l'École Normale. Après ces discours qu'on va lire, et au milieu de l'émotion générale, M. le Ministre de l'instruction publique, qui, comme un simple universitaire, s'était mêlé au cortége, à pied, sans aucune pompe, s'avançant sur le bord de la fosse qui allait se fermer, a voulu, lui aussi, dire un dernier adieu à un ancien collègue, et rendre à M. Émile Saisset ce témoignage qu'il n'avait jamais cherché la fortune, et qu'après avoir mérité et obtenu la gloire, il ne laissait aux siens d'autre héritage que celui de son nom.

M. Naudet a parlé le premier. Il s'est exprimé en ces termes :

Messieurs,

« Il y a seulement quelques semaines, nous étions assemblés, comme aujourd'hui, autour d'un cercueil. Nous venions rendre un devoir de piété affectueuse avec une tristesse sincère, mais tempérée par des idées consolantes. Le confrère que nous regrettions [1] avait dépassé depuis longtemps la limite ordinaire de la vie, il avait joui pendant plus de trente ans de la récompense qu'ambitionne tout homme qui se dévoue à la culture ou au progrès de la science ; l'affaiblissement de l'âge, en le tenant, depuis quelques années, éloigné de nos entretiens, nous avait peu à peu accoutumés à cette séparation sans retour. Mais ici combien l'émotion est plus poignante et plus cruelle ! Cette perte imprévue et soudaine, cette jeunesse détruite dans sa maturité, de si utiles et honorables travaux interrompus pour toujours, tant d'espérances tout à coup brisées, nous laissent comme frappés de stupeur et le cœur froissé d'une douleur à laquelle on ne se résigne point. Celui sur qui pèse en ce moment l'obligation de dire, au nom de l'Académie, l'adieu funèbre, ne peut s'empêcher de faire un retour sur lui-même en présence de ces restes inanimés, et, voyant l'ordre naturel ainsi renversé, il a peine à se défendre d'un secret mouvement de révolte contre la Providence qui départit à chacun la mesure des jours avec une telle inégalité, si peu proportionnée aux mérites.

Il me semble entendre encore la parole de M. Saisset,

[1] M. Villermé.

parole grave et douce, élégante et profondément émue, qui attira toutes nos sympathies, lorsqu'il vint, en ce lieu même, à la suite de l'Académie, à laquelle il n'appartenait pas encore, rendre, comme professeur de la Faculté des Lettres, un hommage si touchant à la mémoire vénérée de M. Damiron, qu'il appelait son maître et son ami. Deux ans se sont écoulés. Aurions-nous pu penser qu'il lui succéderait chez nous pour le suivre de si près dans la tombe ?

Que n'est-il présent ici, le chef avoué de notre école philosophique, le maître des maîtres[1], pour prêter à l'expression de nos sentiments envers un de ses disciples chéris la sanction de son autorité et l'énergie de sa voix éloquente.! D'autres, à son défaut, parmi les pairs de M. Saisset, sauront, par une appréciation éclairée de ses œuvres, vous montrer toute l'étendue de la perte que nous faisons ; je ne puis que la déplorer. Qu'il me suffise d'indiquer seulement les titres qui lui concilièrent les suffrages de l'Académie.

« Ce que nous estimions particulièrement en lui, c'était l'unité et le désintéressement de sa vie, la constance et la pureté de ses doctrines, le caractère éminemment religieux et libéral de sa critique, la fermeté invariable de ses principes et au service de ces qualités essentielles, une rare faculté d'exposition lucide et attrayante. Il n'eut, tant qu'il vécut, qu'un seul état, le professorat ; une seule vocation, la philosophie ; un seul dogme, le spiritualisme ; une seule passion, la vérité.

« Chez lui, le sérieux de la pensée et l'étude réfléchie devancèrent les années. Entré presque adolescent encore à l'École Normale, il en sortit agrégé de philosophie, et, dans

---

[1] M. Cousin.

un âge où l'homme a besoin d'un mentor, il avait déjà
charge d'âmes. La conscience d'une si grande responsabilité
lui fit une raison précoce, et son intelligence se trouva tout
d'abord à la hauteur de ses devoirs. Il se soumit modeste-
ment et patiemment aux épreuves d'un enseignement obs-
cur dans plusieurs villes de province [1], jusqu'à ce qu'il fût
appelé dans les colléges de Paris [2], et il reparut aussi à
l'École Normale pour former à son tour des élèves auxquels
il était peu supérieur en âge, mais beaucoup par l'autorité
morale. Le Collége de France le compta, plusieurs années,
au nombre de ses professeurs suppléants, pour le cours de
philosophie grecque et latine, et il obtint enfin en 1856, à la
Faculté des Lettres, le prix de ses longs et brillants services,
la chaire d'Histoire de la philosophie. Il était membre de
la Légion d'honneur depuis cinq ans.

« A chaque nouvelle promotion, son activité laborieuse
semblait croître avec son talent et son savoir, et elle ne souf-
frit ni interruption ni relâche, pendant plus de vingt-cinq
ans, depuis qu'il se fut engagé dans le corps enseignant.
Soit qu'il expliquât, dans les colléges, les théories fonda-
mentales de la psychologie et de la logique, soit qu'il évo-
quât à son tribunal de la Sorbonne les philosophes de l'anti-
quité, du moyen âge et surtout des temps modernes, et
qu'il examinât leurs systèmes avec une méthode lumineuse
et une souveraine impartialité, en même temps il étendait
bien loin au delà des limites de son auditoire l'influence de
ses idées par des publications très-goûtées d'un public d'é-
lite. Car il était aussi habile écrivain qu'orateur disert et in-
génieux. C'est à ce zèle infatigable que l'on doit la belle

---

[1] Cahors, Caen.
[2] Stanislas, Charlemagne, Henri IV.

thèse de doctorat sur *Énésidème* [1], dans laquelle il commença son implacable guerre, qui ne se ralentit jamais, contre le scepticisme; ses leçons de *morale* et de *théodicée*, d'une si noble inspiration, dans le *Manuel de la philosophie* [2], pour lequel il s'était associé avec MM. Jacques et Jules Simon; son *Essai sur la philosophie du dix-neuvième siècle* [3]; son autre *Essai de philosophie religieuse* [4], couronné par l'Académie des sciences morales et politiques et par l'Académie française; ses *Mélanges d'histoire, de critique et de morale* [5]; son livre intitulé : *Précurseurs et disciples de Descartes* [6]; enfin des travaux qui, pour être moins originaux, ne lui ont pas coûté moins de peines et de soins : sa *Traduction de Spinosa* [7], avec une réfutation puissante sous forme d'intro-duction et de notes, et sa *Traduction de la Cité de Dieu de saint Augustin* [8]. Citerai-je après cela une foule de remar-quables articles répandus dans le *Dictionnaire des sciences philosophiques* et dans les *Revues ?* Et par combien d'absor-bantes méditations, de lectures hérissées de difficultés, d'exercices de traduction des langues classiques et des lan-gues étrangères, il amassait et préparait les matériaux de ses discours et de ses écrits, dont le style paraissait toujours à l'auditeur ou au lecteur couler d'une source facile et limpide !

---

[1] 1 vol. in-8, chez Joubert. 1840.

[2] 1 vol. in-8, 1re édition, chez Joubert, 1843. 2e et 3e édition, chez Hachette, 1862.

[3] 1 vol. in-12, chez Charpentier, 1845.

[4] 1 vol in-8, chez Charpentier, 1859. La troisième édition a paru en deux vol. in-12. 1861.

[5] 1 vol. in-12, chez Charpentier, 1859.

[6] 1 vol. in-12, chez Didier, 1862.

[7] 2 vol. in-12, chez Charpentier, 1843. La seconde édition en 3 volumes est de 1860.

[8] 4 vol. in-12, chez Charpentier, 1855.

Hélas ! il consultait plutôt son ardeur que ses forces. Malgré les défaillances d'une complexion maladive, affaiblie encore par la continuité de l'effort et de la lutte, il ne voulut jamais s'arrêter, et, jusque dans ces derniers temps, il se flattait de reprendre son cours de la Faculté, ranimé qu'il lui semblait être par l'effet passager d'un voyage de deux mois en Italie. Il ne s'est reposé que dans la mort.

« Ses écrits lui survivront ; ils font honneur à la philosophie française ; ils offriront aux hommes studieux une instruction attachante et variée, aux jeunes professeurs des modèles d'analyse savante et de critique judicieuse, des exemples d'indépendance discrète et contenue.

« Et pour nous, qui n'avons pu jouir, que moins d'une année, de son commerce, le regret douloureux dont sa mort nous a pénétrés, ne s'effacera point de notre cœur, et la suprême récompense d'honneur ne lui manquera pas, lorsqu'un de ces monuments d'éloquence que chaque année voit naître dans nos solennités, perpétuera son nom avec le souvenir de ce qu'il fut et de ce qu'il a fait.

Après M. Naudet, M. Paul Janet, ancien élève et nouveau confrère de M. Saisset, délégué par M. le doyen Victor Le Clerc pour être l'interprète de la Faculté des Lettres, a parlé de son maître devenu son ami dans les termes suivants :

« Messieurs,

« Je viens, au nom de la Faculté des Lettres, rendre à notre cher collègue, M. Émile Saisset, un triste et dernier hommage. J'eusse voulu que cet honneur me fût épargné. Élève et ami de M. Saisset, accueilli par lui dans la plus cordiale, la plus affectueuse intimité, j'ai à peine le courage de rassembler quelques froides paroles à prononcer sur sa tombe : l'affliction de mon cœur enchaîne et glace mon esprit. Il y a maintenant vingt et un ans que je le vis pour la première fois à l'École Normale, où il venait d'entrer comme maître de conférences : ce fut lui qui pendant deux ans, à cette école, guida mes premiers pas dans la carrière philosophique ; depuis, dans toute circonstance, il n'a cessé de me prodiguer les conseils, les directions, les encouragements. Il a concouru, par son empressement serviable, à tous les progrès de ma carrière, et sa main ne m'a jamais fait défaut. Les progrès de l'âge avaient resserré nos liens, et avaient changé les relations du maître et de l'élève en un étroit commerce d'amité. Tout son esprit m'était ouvert ; et je fus toujours le confident de ses travaux, de ses projets, de toutes ses pensées. Vous ne serez donc pas étonnés, messieurs, que ma douleur personnelle me laisse à peine la force d'exprimer comme il conviendrait notre douleur commune.

« Ce n'est pas seulement l'amitié et la reconnaissance qui souffrent en cette amère circonstance : c'est la science, c'est la philosophie, c'est l'enseignement. Personne n'ignore, et personne n'oubliera les services que M. Émile Saisset a rendus à la philosophie. Il y portait une admirable pénétration, une lumière qui rendait faciles les questions les plus obscures, une autorité qui chaque jour croissait avec son talent, une éloquence noble, élégante et ferme. Nul n'excellait, comme lui, à dérouler toutes les parties d'un problème, à décomposer et à ordonner les éléments d'une question, à fixer les parts du certain et de l'incertain, du connu et de l'inconnu, de l'expérience et de l'hypothèse. Sa dialectique souple et pressante ne laissait aucun refuge au sophisme. Sa profonde érudition philosophique n'était dupe d'aucune apparente nouveauté. Sa plume précise et nerveuse savait tout dire, et, sans emprunter le jargon pédantesque des écoles, exprimait avec la plus vive clarté les idées les plus délicates et les plus profondes de la plus savante métaphysique. En ce genre on n'admirera jamais assez son Introduction de Spinosa, son exposition de Leibnitz, de Maimonide, et bien d'autres morceaux qui resteront comme de parfaits modèles de l'analyse et de l'interprétation philosophiques.

« M. Émile Saisset ne mettait pas seulement son esprit dans la philosophie. Je puis dire, tant je l'ai connu, qu'il y mettait son âme. La philosophie était pour lui une cause et un drapeau. Il a consacré toute sa vie à deux entreprises : défendre les droits de la philosophie, et, en philosophie même, défendre les droits du spiritualisme. Jamais il n'a séparé ces deux causes ; et ceux qui suivront ses écrits verront avec quelle fermeté, de quelle constance, il a toujours suivi cette double pensée. A la vérité, il n'a jamais cru que le devoir de la philosophie fût de porter la güerre dans un autre camp : et toutes les fois qu'une honorable alliance a été possible, il y a prêté les mains, mais sans sacrifier jamais l'indépendance philosophique ; et, aussitôt que cette indépendance était menacée, il venait la défendre avec une fermeté d'autant plus efficace qu'elle était plus modérée. D'ailleurs, à ses yeux, la philosophie ne devait pas toujours détruire ; et toutes ses investigations philosophiques ont eu pour but d'établir et de défendre la première de toutes les vérités religieuses, celle qui sert de base commune à toutes les religions, l'existence d'un être souverain, supérieur à la nature, possédant tous les attributs de la perfection, et en particulier, le plus haut de tous, la pensée et la raison. Il a constamment combattu sous toutes ses formes la doctrine contraire ; et tandis que, autour de lui, un mouvement aveugle portait tant d'esprits à mêler tous les êtres et tous les phénomènes de la nature en une vague et confuse unité, il défendait énergiquement, avec toute une école, où il était devenu maître après avoir été disciple, les droits de la personnalité, soit en l'homme, soit en Dieu [1].

« Telles sont les doctrines qu'il a constamment exposées et soutenues dans son enseignement ; d'abord à l'École Normale, où quinze générations successives ont reçu de lui l'initiation et la direction ; puis au Collége de France ; et enfin, à la Faculté des Lettres, où il remplaça son maître vénéré, M. Damiron. A travers toutes ces expériences diverses, son talent avait constamment grandi ; et dans les dernières années, il avait atteint son plein et entier développement.

« Son enseignement sévère et passionné, où la plus grande liberté était tempérée par le tact le plus exquis, se faisait écouter partout avec respect et sympathie ; et il retrouvait chaque fois devant sa chaire un auditoire fidèle et impatient, auquel il rendait les plus hautes questions accessibles et aimables par la belle lucidité de son exposition, et les agréments de son esprit. Il possédait au plus haut degré l'art de la discussion ; et, dans nos examens du doctorat, il nous émerveillait par sa dialectique souple, fine, serrée et nourrie. Sans aucun doute, ce talent eût grandi encore, et tout lui présageait le plus brillant avenir ; tous ses vœux étaient comblés, et il avait atteint l'objet de toutes ses espérances. Mais, comme son maître Jouffroy, la mort est venue l'interrompre dans le progrès de ses pensées et de ses facultés, l'emporter dans la vigueur de l'âge, en pleine possession de ses forces, tout

---

[1] Voir l'Avant-propos de l'*Essai de philosophie religieuse.*

prêt à en faire le plus fécond, le plus bienfaisant usage. Pensée désespérante, et qui aurait de quoi abattre tous les courages, si tout finissait ici, et si sous cette terre humide, descendaient, avec nos dépouilles, notre esprit et notre cœur.

« Quelque éminents qu'aient été les travaux et l'enseignement de M. Saisset, j'ose dire qu'on ne le connaissait pas tout entier, lorsqu'on n'avait pas conversé avec lui. C'était là, c'était dans la conversation, surtout dans la causerie intime et familière que son esprit déployait toute sa liberté, toute sa variété, toute sa grâce. Que de longues heures avons-nous passées ensemble à causer librement de toutes choses, mais surtout de la philosophie, notre passion commune, de son état actuel, de son avenir, de ses destinées ! Que de longues promenades employées à rêver sur l'inconnu, à méditer les mystères de la vie et de la mort ! Son âme élevée et sérieuse, occupée en apparence, comme nous tous, au mouvement des choses extérieures, était profondément pénétrée par la pensée du divin. Plus d'une fois, il m'a confié que l'idée de Dieu avait été pour lui à plusieurs reprises un point d'appui et une force dans les traverses de la vie, dans les épreuves des chagrins et des passions. Il pensait souvent à la mort, et il en parlait volontiers, non avec la bravade de l'esprit fort, mais avec la simple gravité du sage. Il m'a dit un jour qu'il était prêt. Je croirais volontiers aujourd'hui qu'en parlant ainsi, en pleine santé, il avait un pressentiment de sa fin prématurée, et que par une sorte d'anticipation, il préparait son courage.

« Depuis longtemps cependant, nous étions inquiets pour lui : et nous étions affectés de le voir s'affaiblir de jour en jour, miné par une fièvre opiniâtre. Mais nul n'aurait pensé que le mal fût si grave, ni le danger si proche. Il semblait qu'il lui manquât seulement quelques mois de repos. Lorsqu'au mois de juin dernier, il partit pour les Pyrénées, nous espérâmes que la grande nature rafraîchirait sa santé fatiguée.

« Plus tard, il partit pour Florence, où les enchantements des arts, l'agrément d'une société aimable, les beautés d'un charmant pays redonnèrent pour quelque temps une sorte d'activité nouvelle à ses sens épuisés. Lui-même m'écrivait de là une lettre charmante, la dernière que j'aie de lui, où il me disait que son séjour à Florence serait le signal pour lui d'un retour définitif à la santé. Mais, lorsqu'il nous revint ici au mois de novembre, nous vîmes sur-le-champ combien il s'était fait illusion. Quelques jours après, il était au lit pour ne plus se relever; et nous suivions avec anxiété les phases incertaines de ce mal redoutable, espérant toujours que la science s'était trompée, et que l'événement viendrait démentir son cruel arrêt.

« Hélas ! tout espoir était perdu ; et malgré les efforts d'un art consommé, malgré les soins assidus d'une famille désolée, malgré la résistance d'une excellente constitution soutenue jusqu'à la fin par une intelligence toujours présente, nous l'avons perdu. Avec lui, l'Université perd l'un de ses membres les plus attachés, les plus laborieux, les plus brillants, un de ces hommes qui font sa gloire et son orgueil; la Faculté des Lettres perd un collègue plein d'aménité, de cordialité et de douceur; la philosophie spiritualiste un soldat bien nécessaire et bien regretté dans la crise redoutable que nous traversons ; la science un chercheur curieux et pénétrant, d'une sagacité profonde et d'un jugement supérieur ; les lettres enfin un écrivain des plus achevés. Et s'il m'est permis en finissant de revenir à moi-même, je perds avec lui un homme dont l'amitié m'était au plus haut

degré douce, honorable et chère, un guide et un conseiller.
Avec lui s'évanouissent de ma vie vingt années de confra-
ternité philosophique, de douce intimité et d'entière con-
fiance. Ce deuil est pour moi un deuil de famille. Son frère,
qui est là, sait que je ne dis pas trop ; car il sait combien le
pauvre mort me portait d'affection. C'est avec un cœur navré
et déchiré que je lui dis un éternel adieu, triste interprète de
mes collègues, qui pleurent avec moi. »

M. Janet venait de parler, quand M. Albert Lemoine, les yeux voilés de larmes et d'une voix souvent
interrompue, a prononcé les paroles suivantes :

« CHER MAITRE, CHER AMI,

« A peine avez-vous siégé quelques jours à l'Institut, à
peine y a-t-il quelques années que la Faculté des Lettres de
Paris vous comptait parmi ses plus brillants professeurs ;
mais pendant quinze ans l'École Normale a possédé en vous
le meilleur des maîtres. Là vous avez fait des disciples nom-
breux et autant d'amis que de disciples. Personne mieux
que nous n'a apprécié, pour les avoir connues plus longtemps
et de plus près, toutes les qualités de votre esprit et de votre
cœur, la sûreté de votre bon sens, la vigueur de votre pensée, la modération de votre raison, la lumineuse clarté de
votre parole, l'élévation de votre âme, l'indépendance de
votre caractère, votre pouvoir sur vous-même, le charme de
votre commerce, votre affabilité pour tous, votre dévoue-
ment pour vos amis. Nous serions ingrats de ne pas venir à

notre rang vous adresser sur votre tombe le plus bref, mais le plus désolé des adieux.

« Votre belle intelligence que les seules approches de la mort ont pu obscurcir quelques heures, doit s'être réveillée déjà plus puissante que jamais. Ce que vous avez cherché toute votre vie, vous allez l'apprendre, si déjà vous ne savez quel est le Dieu qui vous a frappé, dans quels desseins, selon quelles lois. Votre volonté si forte dans votre corps si frêle, et qui était pour vous le signe manifeste d'une personnalité indestructible, n'est pas confondue sans doute dans ce mélange universel où vous accusiez si résolûment le panthéisme d'abîmer les âmes. J'espère, comme vous l'espériez naguère, que vous vivez maintenant, entier, le même, mais ennobli dans l'éternité, et je vous promets que vous vivrez ici toujours présent et regretté dans le cœur de vos élèves et de vos amis.

Paris. — Imprimerie de P.-A. BOURDIER et Cᵉ, 30, rue Mazarine.